AF222556

Thomas Trier

Auf Augenhöhe - Lyrics

Umschlagbild:
Frau mit grünem Hut, Ausschnitt
Wachsmalstifte

ISBN 3-8334-6285-X
978-3-8334-6285-6
© Thomas Trier, Bergisch Glad-
bach, 2006

Herstellung und Verlag: Books on
Demand GmbH, Norderstedt

Über dieses Buch:

Der Band beinhaltet eine chronologische Auswahl von Gedichten, die ich in den Jahren 1977 bis 2006 geschrieben habe.

Das Tagelied ist in der Bergisch Gladbacher illustrierten Zeitschrift "pipapo" abgedruckt worden, die Gedichte Tschernobyl und Volkszählung 1987 sind damals im "KomPost", der kommunalpolitischen Postille der GRÜNEN im Stadtrat von Bergisch Gladbach, erschienen. Das Tagelied ist auch im Jahr 2005 in der „Frankfurter Bibliothek des zeitgenössischen Gedichts" veröffentlicht worden.

Für Inge

Inhalt:

I. Zeitgedichte

Kalendergedichte

II. Politische Gedichte

III. Liebesgedichte

I. Zeitgedichte

KALENDERGEDICHTE

Dunkler Schnee

Der Schnee liegt noch nicht lange,
aber er ist schon nicht mehr weiß.
Ein ganz feiner Ruß liegt darauf
von den hohen Schornsteinen
hinten im Industriegebiet.

Dunkler Schnee, heute und morgen,
das ist der Preis des Lebens
für unsere schmalen Augen.
Wenn die Schulkinder kommen,
wenden sie sich verächtlich ab.

Dunkler Schnee, Himmel und Erde,
vertanes Glück, heute und morgen,
das ist der Preis des Lebens.
Und niemand will sie stoppen,
die Schornsteine im Industriegebiet.

Tauwetter

Im Radio ist Tauwetter angesagt:
Auf den Straßen rinnt das Wasser.
Heute Morgen keiner mehr klagt,
und wird man auch umso nasser.

Mit dem Fahrrad dann zur Arbeit,
ein Sprühregen hinter jedem Reifen.
Lichter blinken im Dunkeln und keine Zeit,
und doch kann es niemand begreifen:

Der Neu-Angekommene schüttelt sich
und hängt den Mantel in den Schrank.
Er lacht dem Nachbarn ins Gesicht,
jetzt wird wohl niemand mehr krank.

Der Lenz

Die Luft wird wärmer,
und draußen
blühen die ersten Krokusse
im winterlichen Rasen.

Ich denke an das Lied
von dem Bauern im Märzen
und kann mich nicht entsinnen,
wozu spannt er ein?

April

Ein Unwetter naht, es stürmt und kracht,
wer hat nur diese Gewalten entfacht?
Wo liegen denn Mantel und Schirm?
Was hab` ich bloß heute im Hirn?

Wo eben noch wärmende Sonne gewesen,
da fegen jetzt die höllischen Besen.
Doch hab` ich den Schirm auch verloren,
was soll `s, ich bin im April geboren.

Also raus aus dem Haus auf die Straßen.
Und tapse ich bald auch im Nassen,
und peitscht mir der Hagel ins Gesicht,
der April, der April, der schreckt mich nicht!

Mairegen

Mairegen soll gesund sein.
Wer kennt nicht das Sprichwort:
Mairegen bringt Segen!

Einst glaubten sogar die Leute,
dass der Regen sie größer macht.
Mairegen bringt Segen!

Und Hand aufs Herz, stimmt es nicht,
dass die Menschen immer größer werden?
Mairegen bringt Segen!

Pfingsten

Sieben Wochen nach dem Osterfest
ist Pfingstzeit für den rechten Christ.
Allerdings geb ich euch zu bedenken,
was man mir einst zu Pfingst tat schenken.

Damals wurde ich in die Kirche gezogen,
tags vorher zur Beicht`: genascht und gelogen.
Der Bischof hat mir dann eine runter gehauen
für all meine Reue und mein Gottvertrauen.

Er tat mir eine echte Schelle verpassen,
doch eins muss ich dem hohen Herren lassen:
hat mich seine Ohrfeige zutiefst erschreckt,
so hat sie mich auch gründlich aufgeweckt.

Flammen des Geistes stiegen mir in die Ohren,
und habe ich jetzt auch die Unschuld verloren,
so weiß ich doch von hier bis zum Grabe,
was ich von euch Herren zu halten habe.

Urlaub

Es ist Urlaub,
das Radio bellt,
und wir liegen am Strand.

Die Sonne brennt
auf die halbnackten Körper
voll Sonnenmilch.

Die Kinder plärren
da vorne im Wasser,
kein Wind.

Und in mir,
ich sehe mich um,
erwacht die Begierde.

Treckerfahren

Wahnsinn, gestern kam der Brief:
"Wir haben Ernte, spring in den Wagen!
Hoffentlich geht bei Dir nichts schief,
wir können das Dreschen nicht mehr vertagen."
Was ich zu dieser Zeit am liebsten tu:
Treckerfahren!

Bald schwing ich mich wieder auf den Sitz
und walze und egge und säe schon neu.
Mich pieken die Ähren, die sind so spitz,
wenn ich nach Hause kutschiere die Streu.
Doch was ich am liebsten tu:
Treckerfahren!

Ich schwitze elend auf dem Bock,
total verdreckt ist mein neues Hemd.
Doch gehe ich abends auch am Stock,
mir ist egal, wenn die Kupplung klemmt.
Und bei der nächsten Ernte werde ich wieder
treckerfahren!

Septemberspaziergang

Ich geh mit meiner Freundin
im herbstlichen Wald spazieren.
Die Kamera in der Tasche drin,
ich tue mich etwas genieren.

Doch all diese herbstliche Pracht,
die Gott so ganz ohne Nutzen gemacht,
die muss ich einfach photographieren.
Ich will sie mit Macht entführen.

Meine Freundin sitzt auf einer Bank
und wartet, ihr Gesicht wird schon breiter.
Ich schieße von ihr ein Photo zum Dank,
dann sagt sie schließlich: "Los, weiter!"

Weinlied

Neuer Wein kommt in die Keller.
Trinkt den alten jetzt noch schneller!
Lasst heute Nacht die Flaschen kreisen,
denn bald wird uns der Winter beißen.

Wir laben uns an dem guten Wein,
und mag der Morgen auch furchtbar sein,
lasst uns darauf noch einen saufen!
Nur Brüder, lasst uns heut nicht raufen!

Und geht der Erdball langsam zuschanden,
wir leben noch von den Flaschenpfanden.
Doch ehe bald schon der Weinmond sinkt,
trinkt eifrig, ihr Brüder, trinkt!

Nebel

Nebel hängt über den Feldern,
Nässe steigt auf in den Wäldern.
Dicke Schwaden liegen auf dem See,
und mir tut das Herz so weh.

Der Himmel war schon verhangen,
ich wollte mit mir und meiner Pein
einfach mal ganz alleine sein,
da bin ich schließlich losgegangen.

Feuchtigkeit zieht mir in die Schuh,
mich bedrängen Gedanken, so krause:
Bald kommen die Toten aus der Ruh;
ich glaub, ich geh lieber nach Hause!

Traum

Ich habe schlecht geträumt heut Nacht:
Ich kämpfte allein im Polargebiet
mit Eisriesen eine schreckliche Schlacht;
sie sangen dazu ein grausliches Lied.

Ich rutschte plötzlich, zuerst sachte,
fiel auf einmal ins eisige Wasser hinein.
Ein Yeti kam aus den Bergen und lachte,
mit silbergrauem Bart im Mondenschein.

Ich schrie nun lauthals: "Lass mich!"
und zog mich durchnässt an Land.
Da nahm er die Riesen dann mit sich,
und endlich, mein Gott, er verschwand.

Doch als ich aufwachte am Morgen,
klirrende Kälte lag in unserer Bleibe;
ich will mir gerade etwas Mitleid borgen -
da ist eine Eisblume an der Fensterscheibe.

Damals

Schaumbedeckte Wellen
kräuseln sich im dunklen Meer.
Verwunschene Welten
steigen aus großer Tiefe empor.
Ich sehe auf die Spiele der Kinderzeit,
schon damals war ich ähnlich wie heute.
Woher diese Ängste, warum diese Abwehr?

Josef
heißt der kleine Kellner
im italienischen Eiscafe´.
Immer eifrig, untertänigst,
ständig ein Lächeln auf dem Gesicht.
Morgens ist er schlecht rasiert,
wirkt verschlafen, aber freundlich.
Wie ich letztens hörte,
ist er einer der zwei Besitzer
des Eiscafés.

Die grüne Brücke

Über die grüne Brücke
fahr ich im Auto allein.
Den Himmel reißt es in Stücke,
unter mir fließt der Rhein.

Ich fange an zu träumen
von einem anderen Land;
bewachsen mit hohen Bäumen
hinter dem Kieselstrand.

Ich möchte gern verweilen,
wenn `s über die Brücke geht.
Jedoch ich muss mich beeilen,
sonst komm ich noch zu spät.

Entstehung

Am Anfang war das Wasser.
Aus dem Wasser kamen die Tiere,
und die Tiere lernten zu denken;
aus dem Gedanken wurde das Wort.

Am Anfang war das Wort.
Es berichtete vom Wasser.
Aus dem Wasser kamen die Tiere,
und die Tiere lernten zu denken;
doch ihr Wissen warfen sie fort.

Der Eisbär

Der Eisbär im zoologischen Garten
bewegt sich auf einem schmalen Strich
hin und her, her und hin.
Beschossen von tausend Objektiven
immer, wenn er die Kehre macht.
Man sieht es ihm förmlich an,
er fühlt sich ohnmächtig gefangen.
Warum lasst ihr ihn nicht nach Hause?

Der Baum

Direkt neben dem Telegraphenmast
wächst ein knorriger alter Baum.
Er wirkt so ruhig und gefasst,
in vollem Grün steht jeder Ast,
jedoch man glaubt es kaum:
Er dient dem stählernen Mast
nur noch als Kontrast,
nur als Kontrast!

Morgenrot

Feurige Wolken stehn am Morgenhimmel.
Ich fahre in meinem klapprigen R4
mit über hundert auf der Autobahn.
Sei gegrüßt, du schöner Morgen!
Die letzten Tage haben Unheil gebracht,
aber das ist jetzt vorbei und vergessen.
Rote Wolken, von der Sonne bestrahlt,
stehn breit über dem Siebengebirge.
Wie wird der neue Tag wohl aussehn?

Nordsee

Ein Mann und ein Kind
gehn gemeinsam im Wind
ans rauschende Meer.

Der Mann erlebt jetzt
das Meer wie das Kind,
davor war er blind.

Fest hält seine Hand
im stürmischen Wind
das begeisterte Kind.

Zwei Leben

Wenn du zwei Leben hättest;
ein Leben für den geraden Weg,
den Weg, der dir den Alltag bringt,
dich führt durch Dornengeflechte,
und ein Leben für den anderen Weg,
an jeder Biegung Neues erwartend,
durch Felder und Wiesen streifen.
Der eine Weg, wo du immer nur musst,
wo alle kräftig an dir reißen,
obwohl sie nichts zu sagen haben,
oder der andere, auf dem du könntest
dein Leben ohne Rücksicht genießen,
voll und ganz du selber sein;
wenn du nur zwei Leben hättest!

So aber stehst du an der Kreuzung
und weißt genau, wenn du jetzt gehst,
wird ein Leben dir verloren sein.

Fast

Der Himmel ist rosa,
das Flüsschen läuft ruhig
durch saftige Wiesen
und Kieselstrand.
Weiße Wolken ziehn vorüber,
eine Atmosphäre wie
von Engeln geschaffen.
Fast könnte ich jetzt
an einen Schöpfer glauben.
Es ist immer das Gleiche:
das Gefühl sagt ja,
der Verstand sagt nein.

Barrabas

Müde schließe ich meine Augen:
ich sehe vor mir die Felder
und die engen Gassen Jerusalems.
Nein, ich bin nicht der Menschensohn,
ich stamme auch nicht von Königen ab;
aber ich weiß, dass diese Stadt frei sein wird,
frei oder abgetragen bis auf den letzten Stein.
Die Mauern geschliffen, die Schädel zer-
schmettert,
die Straßen mit verstümmelten Leichen bedeckt.
Aber sie werden sie uns nicht nehmen,
die Hoffnung auf ein befreites Jerusalem!

Winteranfang

Auf dem See liegt dichter Nebel.
Drei weiße Schwäne verstecken sich
vorne am Ufer in ihrem Gefieder.
Im Autoradio wird gerade
das erste Glatteis angesagt.
Wir nähern uns dem Fest

des Geldes und der Liebe.

Hälfte des Lebens*

Es wird so langsam Zeit,
dass ich mich verabschiede
von meiner Jugend:
mit siebenunddreißig Jahren
zähle ich schon lange als Mann.
Viele Leute siezen mich,
viele Leute duze ich -
das sind die traurigen Zeichen,
dass das erste Drittel vorüber ist.

* Titel eines bekannten Gedichts von
Friedrich Hölderlin

Andere Wege

Es ist Abend.
Ich habe eine Schlacht verloren.
In mir tobt kalte Wut,
die sich wohl irgendwann entladen wird.
Aber haben nicht gerade die Niederlagen
in mir immer neue Kräfte geweckt?
Andere Wege zu gehen ist eine Aufgabe,
die mich mit großer Neugier erfüllt.

Liebelei

Unser alter Opa ist
gespornt und gestiefelt.
Sein rundes Bäuchlein schmückt
ein leuchtend rotes Wams.
Er fährt zu seiner Liebsten,
und meine arme Frau hat ihm dafür
extra das Auto sauber gemacht.

Vor Sonnenaufgang

Es öffnet sich ganz plötzlich
das Tor zum himmlischen Frieden,
dahinter ist dunkle Nacht.
Doch erste graue Gestalten
gewinnen langsam an Kontur;
wie mag das Land meiner Seele
wohl erst bei Tageslicht aussehn?

Lesung von Stefan Chwin

Wie ein Fels in der Brandung
steht er, der große Dichter.
Und doch will mir scheinen,
der Stein ist von innen hohl,
wenn es um Politisches geht.
Da gestehe ich es mir ein,
ich bin damit einverstanden,
heute nur Brandung zu sein.

Auf Augenhöhe

Mit der Jetztzeit auf Augenhöhe
und mit den „lieben" Zeitgenossen.

Meine alte Mutter sagt immer:
„Bei den Herren Schiller und Goethe
wurde auch nur mit Wasser gekocht."

Wir sitzen alle auf des Messers Schneide,
zwischen Zukunft und Vergangenheit.

II. Politische Gedichte

Im Abendsee

Drei junge Affen schwimmen
über den abendlichen See.
Sie kämpfen sich durch die Wellen
und durch ihre Angst.

Drei junge Affen schwimmen
im dunkelgrünen See.
Ihre Körper schreien nach Wärme,
ihre Sinne nach Land.

Drei grüne Affen schwimmen
im dunklen Abendsee
und erwarten mit Schauder die Nacht.
Es werden neue kommen!

Oktober 83

Hast du gesehen?
Dein Nachbar.
Hast du gehört?
Die Russen.
Hast du gerochen?
Die Türken bei uns.
Hast du gefühlt?
Du selbst.
Hast du gewusst?
Dein Bruder.
Dein Freund.
Dein Verbündeter.
Hast du gesehen?
Grenada!

Tschernobyl

Als wir hörten von dem Unglück,
der Explosion und der Wolke,
ließ man uns von oben wissen,
hier bestehe keine Gefahr.

Die drei Weisen sahen den Stern,
und sie beschlossen bei sich,
nach dem Erlöser zu suchen.

Als wir dann endlich gewarnt wurden,
nicht mehr in den Regen zu gehen,
war diese seltsame Gefahr
schon wieder am Abklingen.

Als der Engel posaunte,
da verdarb unsere Milch,
und es strahlte das Grünzeug.

Heeresschau 86

Sonntag bin ich kurz entschlossen
zu der Heeresschau gegangen.
Wenn ich schon dagegen bin, hab
ich mir gedacht, kann ich wenigstens
ein paar Flugblätter verteilen.

Und da stand ich vor dem Eingang,
wo sehr viele Menschen waren,
und verteilte meine Blätter,
aufdringlich nicht, an die Leute,
die sie wirklich lesen wollten.

Von den Sprüchen: "Geht nach Russland!"
"Seid besser gegen Tschernobyl!"
will ich hier nicht weiter reden,
auch nicht von den Neonazis,
die wir schon öfters pöbeln sahn.

Aber von dem Hass der Leute,
schlichter Bürger, nicht Soldaten,
von lange aufgestautem Gift,
das gegen ihre Nächsten zielt,
davon will ich euch berichten.

Zum Beispiel ein Mann von hinten,
der mich berechnend anrempelt;
ich gehe auf ihn zu im Zorn,
mich nur sehr mühsam beherrschend,
und sage: "Nicht noch mal, mein Herr!"

Uns sieht dabei ein Mädchen zu,
sie kommt zu mir herüber und meint:
"Lass dich nur nicht provozieren!
Mir ist das heute auch passiert,
und ich habe zurückgetreten."

Und von einem schon älteren Mann,
der von einem Typen verfolgt wird;
ein anderer knipst ihn aufgeregt.
"Politwichser" hat er gesagt
und flüchtet feige vor die Sperre.

Als die Menschenkette losging,
ich mittendrin, die Zettel im Arm,
fast schon gescheitert am Überweg
zum Eisrestaurant. "Privatgrund"
sagt der Pächter, lacht und lässt durch.

Wie sie endlich weiterlaufen,
diese emsig kleine Menge,
einmal ganz um die Heeresschau.
Schließlich vor die Kreuze ziehn,
als die einzig sinnvolle Geste.

Während ich wieder verteile,
gerade neue Blätter faltend,
da kommt eine Frau auf mich zu.
Ich halte ihr schnell alles hin,
und sie nimmt einen dicken Packen.

Geht jetzt weiter, geht nach innen,
und zerreißt dann alle Zettel.
Ich stehe stumm und frage mich,
wo da denn Recht und Ordnung sind?
Was sind das für dumme Menschen!

Fremde Dinge frech zu nehmen,
sie zerstören, um stark zu sein.
Ich kann wirklich hier nur hoffen,
dass unsere Wut zu mehr gut ist,
als mit solchen Leuten zu streiten!

Der Wassermann

Aus den tiefen Fluten,
Algen bedeckt, vor Nässe triefend,
steigt hervor der Wassermann.
Er wirft die Haare aus der Stirn,
lässt sich nieder im heißen Sand
und beginnt mit seiner Klage:

Hört ihr Vögel, hört ihr Tiere,
vergällt ist mir des Lebens Sinn!
Da ich nur noch Ekel spüre,
leg` ich mich zum Sterben hin.

Ich hab` gesehn den Dreck der Flüsse,
den man weit ins Meer geschwemmt;
das ganze Gift und all die Pisse,
die den Wuchs der Pflanzen hemmt.

Ich bin geschwommen längs der Rohre
bis über hundert Meilen von hier.
Dampfer haben ihr Öl verloren -
Vögel starben im öligen Schmier.

Ich hab` getroffen der Fische Arten,
ganz erstarrt im trüben Schlamm,
sah sie stumm auf das Ende warten,
bis ihr Unterstes oben schwamm.

Ich wurde dann auch selbst vertrieben,
verwundet von des Tauchers Hand,
ich floh durch meiner Reiche sieben,
und kam schließlich hier an Land.

Ich will jetzt bleiben und hier sterben,
euch Menschen gilt mein letzter Spruch:
Ihr werdet euch noch selbst verderben,
bald schon erfüllt sich dieser Fluch!

Schweigend saß er nun im Sand,
bis ihm endlich die Augen brachen.
Er sackte in sich zusammen,
und auf der ganzen Insel stank es
noch lange nach verwesendem Fisch.

Volkszählung 1987

Ihr Herren von der christlichen Partei
solltet lieber mal in die Bibel schaun!
Da steht es schwarz auf weiß geschrieben,
wie sich schon König David versündigte
und dass er schließlich vor Gott bereute,
das Volk der Juden gezählt zu haben.

Zur Strafe schickte der Herr eine Pest,
die raffte so viele Menschen hinweg,
dass die gesamten Daten wertlos waren.
Ich wünsche euch nun zwar kein Unglück,
aber würdet ihr nicht wirklich besser
die Schafe in euren Träumen zählen?

Alte Tanten

Ich hasse diese alten Tanten,
die ewig lächelnden Garanten
von des Lebens kalter Ironie.

Sie reden von Kafka und Hesse
und zeigen an jedem Interesse,
alles nur gespielte Sympathie.

Sie lassen sich überall sehen,
müssen immer im Mittelpunkt stehen;
ich glaube, die lernen das nie!

Lernprozess

Ich habe damals geglaubt,
als ich mich für die Geschicke
dieser Welt zu interessieren begann,
dass es unbedingt notwendig sei
die eigenen Interessen hintanzustellen.

Aber dann musste ich erkennen,
in langer, schmerzlicher Erfahrung,
dass die Mehrzahl meiner Bekannten
sich nicht in diesem Sinne verhielt,
und wendete mich von allem ab.

Und in den heutigen Zeiten,
wo mich die politische Arbeit
so langsam wieder interessiert,
sage ich mir bei jeder Gelegenheit:
Zuerst komme immer noch ich!

Satanische Verse

Armer Mister Rushdie,
dein Buch "satanische Verse"
hat ein teuflisches Echo gehabt.
Ein alter, unwürdiger Greis
trachtet dir nach dem Leben,
weil er sich beleidigt fühlt.
Was mich an dem Vorfall ärgert,
dass zwar ein Buch die Welt bewegt,
aber wieder nur zu ihrem Nachteil.
Armer Mister Rushdie,
halte dich bloß gut versteckt!

Himmlischer Frieden

Heute morgen im Radio:
Soldaten schossen gestern
wahllos in die Menge
mit Maschinenpistolen.
Panzer rollten über Zelte,
in denen junge Menschen lagen.
Die eigene Regierung kämpft
gegen die Interessen des Volkes.
Am Platz des himmlischen Friedens
klebt dunkles Menschenblut.

Im Märchenwald

Im Bensberger Schloss teilen Dornröschen
und Schneewittchen sich den Königssohn.
Neben dem Schloss halten unsere Gesetzeshüter
noch immer ihren hundertjährigen Schlaf.
Die eitle Königin mit ihrem sprechenden Spiegel
wohnt jetzt im neuen Rathaus gegenüber.
Manchmal läuft dort ein Affe übers Dach
und zeigt den Leuten seinen roten Hintern.

Im Gladbacher Rathaus schlafen die Zwerge
und schnarchen gar laut und fürchterlich.
Tagsüber graben sie ein riesengroßes Loch
für einen Tunnel, den niemand braucht.
Auch der aufschneiderische Müller wohnt hier,
dessen Tochter Stroh zu Gold spinnen sollte.
Nur hat er statt ihrer die Mühle verschachert
an die finanzkräftigen Herren aus Amerika.

Und dann das Kreishaus am Rübezahlwald:
"Tischlein deck dich, Goldesel streck dich!"
Es fehlt nur noch der Knüppel aus dem Sack,
um zu bestrafen diese Diätenabstauber.
Stattdessen laufen alle ums Feuer herum
wie einst das kleine Rumpelstielzchen:
"Ach wie gut, dass niemand weiß,
die Müllverbrennung kommt im Kreis!"

König Fußball

Gestern Abend:
"Deutschland - Holland".
Nach dem Spiel
krachen die Feuerwerkskörper.
Trommelnde Horden
laufen durch die Stadt
und brüllen: "Sieg, Sieg, Sieg!"
Reißt endlich dem König Fußball
die Kleider vom Leib,
dann seht ihr seinen braunen Hintern!

Weihnachtsgruß

Fünftausend Roma
kaserniert.
Die gleichen Götter
einfach negiert.
Fünftausend Menschen
abserviert.
Was kümmert `s uns,
wenn ein Roma friert.
Feiert ihr nur
eure Heilige Nacht,
sie hat euch fünftausend
Geschenke gebracht!*

* Nach einem gescheiterten Vorstoß des NRW-Innenministers Schnoor sollten die Roma zu einem umstrittenen Resozialisierungsprogramm im ehemaligen Jugoslawien zwangsverpflichtet werden. Das Gedicht entstand am Tag der Konstituierung des neuen gesamtdeutschen Bundestags - in der Badewanne.

Golfkrieg

Ein großes Flugzeug schwebt
auf die aufgehende Sonne zu.
Ich denke an brennende Ölfelder,
an Rauchwolken und zerstörtes Ozon,
an Kälte und Hungersnot.
Und auch an verbrennende Haut.
Grauer Todesvogel
über dem roten Sonnenball,
friss ihn nicht auf,
es wäre das Ende der Welt!

Umsturz

Gestern Nacht ist der
Erzengel Michael gestürzt.
Die, die ihn zu Fall brachten,
spielen sich jetzt als Staatsführer auf
und glauben, das in tausend Stücke
zersplitterte Schwert
mit Parolen von Ruhe und Ordnung
wieder flicken zu können.
Was wird aus Jelzin und Shewardnadse?
Was wird mit den drei
baltischen Republiken geschehn?
Alles bange Fragen neben der Ohnmacht,
einen guten Stern
einfach so sinken zu sehen.

Die Pest

Vorgestern habe ich verlauten gehört,
bei der großen Pest im Mittelalter
sei ein Drittel der Bevölkerung
Europas hinweg gerafft worden -
im Zweiten Weltkrieg nur jeder Zwanzigste.
Wer solche merkwürdigen Vergleiche anstellt,
möge mir bitte auch sagen, wie viele Menschen
das in absoluten Zahlen waren (hat sich die
Bevölkerungszahl vom Mittelalter bis heute
nicht unausweichlich vergrößert?)
und wie viele hunderttausend Juden
bei der großen Pest gestorben sind.

Beim Zahnarzt

Bin heute beim Zahnarzt gewesen:
Dieser Mann in weißem Kittel,
mit einem freundlichen Lächeln
fügt er mir große Schmerzen zu
(um mir zu helfen).
Ich denke an Dr. Mengele und Eichmann
und an all die verführten Verführer
unseres tausendjährigen Reiches,
an die vielen Menschen in Todesangst.
Dagegen ist meine kleine Spritze
doch gut auszuhalten -
ist Angst quantifizierbar?

Der Blick aus dem Fenster der Praxis:
hohe Bäume in der Frühlingssonne.
Denk ich an Frankreich, so sehe ich
Paris und die sonnige Küste vor mir -
denke ich an Deutschland, so fällt mir
sofort der deutsche Wald ein.
Und gepflegte mittelalterliche Städtchen
mit rasierten und rotwangigen Bürgern;
kein Wunder, dass dieses saubere Land
die Heimat auch der Eichmänner ist.

Der Zahnarzt hat mir erklärt,
ich sei nur schwer anästhesierbar.
Dass ich weiterhin Schmerzen hätte,
das hätte er auch wohl bemerkt.

Es ist halt eine schwierige Sache,
wenn ein Ochse zum Zahnarzt geht.
Am liebsten wäre ich ein Hase,
so kurz vor Ostern,
dem Tag der Auferstehung
des Fleisches.

Miss Lewinskys Mund

Der amerikanische Präsident
hat seinen Schwanz wohl zu weit
in Miss Lewinskys Mund gesteckt.

Das wäre ja gar nicht so schlimm,
ein ganz normaler Seitensprung,
wenn da nicht ihr Meineid wäre.

Gab es denn nicht schon mal einen,
der `s mit der Treue nie so genau nahm?
"Happy birthday, Mister Präsident!"

Es wäre allerdings schon ein Ding,
wenn der Fortschritt in Amerika
in Monicas großem Mund verreckte!

Nachtgebet

Dieser Krieg der NATO im Kosovo
ist ein Ding, das nicht geschehen darf
- es gibt keinen gerechten Krieg!
Und doch vielleicht geschehen muss,
denn wir haben in Bosnien gesehen,
was geschieht, wenn nichts geschieht.
Der alte Pazifismus trägt nicht mehr,
wenn er nur den Verbrechern nützt.
Ich bin bestimmt nicht für den Krieg,
doch ich bin mir auch nicht sicher,
ob ich wirklich dagegen bin.
Macht doch endlich Frieden!

Wahlen 99

Ich habe am Himmel Zeichen gesehn,
aber ich kann sie leider nicht deuten.
Im Bergland zieht schwerer Nebel herauf.
Mein Körper ist unruhig, ich bin nervös,
eine Woche vor den entscheidenden Wahlen.
Wird unsere Niederlage vollkommen sein,
oder können wir es noch zum Guten wenden?
Wer weiß...

„Frühlingsanfang"

Der kriegerische Amipräsident
hält sich wohl für den heiligen Georg
am zweiten Tag des großen Schlachtens.

Die weiten Fußstapfen des Vaters,
das wirtschaftliche Interesse am Öl;
was soll denn da noch die UNO,
wenn nur Sankt Georg bestimmt?

Und unsere Angela Merkel
- die weitaus dümmste Kuh
im großen Stall der CDU –
erklärt, dass sie auf die Amis steht.
Da steht sie ziemlich alleine.

Mondnacht

Der Mond ist hell und voll.
Die Liebe klettert langsam
die Leiter der Sehnsucht hinauf.

Auch der alltägliche Faschismus
ist heute Nacht für eine Zeitlang
nicht mehr ganz so schlimm.

III. Liebesgedichte

Dein Name,
der, wenn ich ihn für mich erwähne,
einen sehnsüchtigen Drang in mir auslöst.
Ein nichts sagendes Wort und doch die Summe
der Empfindung meiner Hilflosigkeit.
Ein dunkler Schrei nach Wärme,
eigentlich frei schwebend,
an dich gebunden.

Ein romantischer Ausflug

1. Sie trafen sich vor der Pharmazie
unten links in der Innenstadt.
Er hatte schon länger ein Auge auf sie,
sie strich sich ihren Kittel glatt.
Er wollte mit ihr nach Hause gehn,
sie erzählte, was sie so macht.
Er fragte nach einem Wiedersehn:
am nächsten Abend um acht!

2. Er stand schon an der Rosenhecke
und sah auf den Weg ohne Ruh,
da bog sie geschwinde um die Ecke
und trat lächelnd auf ihn zu.
Er gab ihr freudig seine Hand
und fragte: "Gehn wir spazieren?"
Ihr kam es bald in den Verstand,
ihn noch heute zu verführen.

3. Sie folgten dem Panoramapfad,
die Sonne kam gerade nieder.
Ihre letzten Strahlen funkelten matt
und spiegelten sich in ihnen wider.

Er nahm sie nun in seinen Arm,
ihre Hand lag an seiner Hose.
Er drückte sie, sie war so warm,
dann machte sie sich lose.

4. Sie tobten bald und neckten sich;
er besann sich, sie zu küssen.
Sie sagte: "Du, ich liebe dich!"
und dass sie sich setzen müssen.
"Da weiß ich einen schönen Ort",
schlug er ihr lächelnd vor.
Er zog sie eilig mit sich fort,
doch sie biss ihn ins Ohr.

5. Sie standen umarmt auf der Wiese
mitten im voll erblühten Klee.
Er sprach jetzt mit aller Süße:
"Ich tu dir bestimmt nicht weh!"
Er streichelte sanft ihren Rücken,
und sie begann, sich umzudrehn.
Sie sagte mit hellem Entzücken:
"Nur die Vögel können uns sehn."

6. An einen Ast hängte sie den Rock
und ihre bunt bestickte Bluse.

Und auf den nächsten Weidenstock
warf schnell er Hemd und Hose.
Die Strümpfe stopften sie in die Schuh,
ihre Unterwäsche kam obenauf.
Alles fand am Baumstumpf Ruh;
sie achteten schon nicht mehr darauf.

7. Er strich ihr nun übers Haar
und umfasste ihr schmales Gesicht.
Sie lachte: "Liebling, wie wahr,
viel schöner noch als im Gedicht."
Er fuhr ihr über Hals und Wangen,
dann zog es ihn zu ihrer Brust.
Sie sagte jetzt voller Verlangen:
"Gut, dass du nicht aufpassen musst!"

8. Bald zog er sie zu sich herunter,
sie lagen umschlungen im Gras.
Ihrer Finger Spiel wurde munter,
die Münder waren vom Küssen nass.
Sie krallte die Nägel in seinen Po,
seine Hand rutschte über ihr Knie.
Sie drehte sich etwas: "Warte, so!"
dann beugte er sich über sie.

9. Jetzt spürte er ihre wohlige Haut,
bald fand er die versteckte Stelle.
Sie bebte leicht und atmete laut
und überließ sich der Erregungswelle.
Er fing nun auch an zu stöhnen
und drängte sich näher an sie heran.
Mit Küssen konnte sie ihn versöhnen,
umso stürmischer kamen sie dann.

10. Sie waren noch außer Atem beide,
er ruhte ganz entkräftet auf ihr;
dann legte er sich an ihre Seite -
sie streichelte ihn dankbar dafür.
Er fuhr jetzt fort, sie zu küssen,
lange und zärtlich auf den Mund.
Und als sie dann sagte: "Wir müssen!"
da waren ihre Lippen schon wund.

11. Sie standen wie von Sinnen,
trunken und auch durstig auf.
Sie mussten mit dem Anziehn beginnen,
denn aus dem Tal zog Kälte herauf.
Sie knöpfte sich zu ihre Bluse
und fand auch zum Kämmen noch Zeit.
Sie verbat sich sein Geschmuse
fröhlich und voll Seligkeit.

12. Während die beiden noch träumten,
gingen Hand in Hand sie zurück.
Und da sie im Dunkeln nicht säumten,
war `s bald bis zu ihr nur ein Stück.
Den Abschiedskuss gab sie ihm dann
mitten in seine heimlichsten Sorgen.
Und als er zögernd fragte: "Wann?"
da sagte sie lächelnd: "Morgen!"

Komm, großer schwarzer Vogel,
streife mich mit deinen Fittichen,
trage mich hinauf, hinauf!
Setz mich nicht eher ab,
als bis es lichter Morgen ist!
Setze mich ab in der Wüste,
vor mir das weite Meer,
Fata Morgana!
Vor mir du und dein Lächeln,
und ich winke dir zu,
im Traum.

Jetzt endlich habe auch ich es begriffen -
ein Ultraschallphoto unseres Kindes.
Es dreht sich, es bewegt sich,
wie der erste Mann auf dem Mond.
Nachher bekommt Inge ganz rote Backen.
Sie wird wütend, als ich sie darauf
anspreche,
und sie freut sich.

Tagelied

Du lagst auf mir
wie auf der dunklen Stadt
die erste Morgenröte.
Dein Körper war warm,
dein Herz schlug schnell,
ich spürte deine Lippen.
Dann gingst du wieder,
verschwandest leise,
als der neue Tag begann.

Wolken

Die Sonne bricht
mit kraftvollem Licht
hinter den ziehenden Wolken hervor.

Majestätische Gestalten,
liegende Göttinnen,
immer Regen geschwängert,
lassen sich treiben im Wind.

Was ich mag

Ich mag deine Augen,
den richtigen Ort
für meine Blicke.

Ich mag deinen Mund,
den richtigen Ort
für meine Küsse.

Ich mag deine Stirn,
den richtigen Ort
für deine Gedanken.

Verwunschene Welt

Auf der anderen Seite der Straße
steht ein hell erleuchtetes Schloss.
Durch zwei riesengroße Fenster
sehe ich auf eine hohe Bücherwand.
Vorne sitzt ganz nackt die Mama,
und weiter hinten macht sich Marie
an einem alten Spinnrad zu schaffen.

Eifersüchtig

Jetzt bricht es auf
das Meer von Schmerzen.
Der Boden, über den ich ging,
Glatteis war `s nur -
ein trügerischer Schein
von Ruhe und Geborgenheit.
Alte Ängste steigen nach oben,
ich weine die Tränen von gestern
und vorgestern.
Wann kommen die Tränen von heute?

Anderer Meinung

Wir sehen beide,
dass es bei uns nicht stimmt
mit der Liebe.
Ich weiß, du meinst,
ich will nur deinen Sex.
Aber ich frage dich,
wo ist denn der Unterschied?
Ist nicht auch dein Hintern,
den ich jeden Abend umgreife,
ein wesentlicher Teil von dir?
Immer habe ich Angst, dass du
im nächsten Moment "nein" sagst.
Doch manchmal öffnest du dich,
überlässt dich meinen Händen
und wirst weich und anschmiegsam.

Der chinesische Garten

1. Im alten chinesischen Garten
gibt es Pflanzen verschiedenster Arten:
Seltene Blumen, blühende Bäume,
ganz breite Wege, nirgendwo Zäune.
Und der groß angelegte Goldfischteich
ist auch der sich putzenden Enten Reich.
Hier trafen sich Herr Han und Frau Li,
eine der ersten Damen des Hofes war sie.
Er trug einen sauber gestutzten Bart
und war auch sonst von vornehmer Art.

2. Sie gingen auf weißen Marmorbrücken
und ließen sich von der Nacht entzücken.
Sie war sternenklar und ziemlich warm,
Meister Han hielt die Dame Li im Arm.
Sie küssten sich lange im Mondenschein
und waren sehr gerne hier allein.
Die Dame setzte sich bald auf eine Bank,
worauf der Meister Han sie umschlang.
Plötzlich meinte Frau Li äußerst gescheit,
sie zöge jetzt aus ihr Abendkleid.

3. Meister Han begann sie zu preisen
in ausgesuchtesten Dichterweisen:

"Eure Haut ist sanft wie die Seide,
sie gereicht euch zum besseren Kleide.
Eure Brust gleicht zwei Nektarinen,
umschwirrt von tausend hungrigen Bienen.
Euer Gesicht ist so hell wie der Mond,
der über den dunklen Wolken wohnt.
Euer Schoß ist so schön wie der Garten,
in dem die kostbarsten Früchte warten."

4. Frau Li legte sich auf die Wiese,
damit er ihre Nacktheit genieße.
Herr Han streichelte nun ihre Mitte;
"noch etwas tiefer" war ihre Bitte.
Endlich drang er mit Vorsicht in sie ein,
sie zog ihn an sich mit einem Bein.
Sie ruft jetzt "Puh", Meister Han ruft "Ja";
da ging es bald kräftig "Puh ja, Puh ja!"
Und als dann der kleine Nachtvogel schrie,
kamen beide, Herr Han und Frau Li.

5. Sie flüsterten dann von der Liebe,
das entfachte schon bald neue Triebe.
Und als sie ihm ein Versprechen stahl,
gab sie sich hin noch ein zweites Mal.
Er verschaffte ihr den ganzen Genuss
und hielt fest umklammert ihre Brust.
Dann zogen sie an ihre Kleider
und gingen in tiefem Gespräche weiter.

Sie traten ans Ufer, ganz ohne Ziel,
sahn dort zwei Menschen beim Liebesspiel.

6. "Diese Frau", sagte leise Dame Li,
"das ist doch die Dame Hortensie!"
"Und dieser stattliche Herr dabei",
meinte Han "ist unser Richter Wei!"
Sie schauten ihnen ganz unbemerkt zu
und hörten bald der Dame ihr "Puh".
Dann gingen sie durch den Garten zurück,
Dame Li wünschte dem Meister viel Glück.
Darauf machte Meister Han vor der Frau
nach Altvätersitte den Kotau.

Augenblick

Schwarze Hose,
schwarzes Hemd.
Tiefer Ausschnitt
über braunen Armen.
Lisa an der Brust
trinkt und schläft.
Blonde Strähnchen
im kurzen Haar.
Dunkle Ränder
unter den Augen,
aber gut gelaunt.

Kleine Veränderung

Wieder kurze Haare;
ein gestreiftes Hemd,
zwei Knöpfe oben offen.

Zufriedener Ausdruck,
eine fröhliche Miene -
das lässt hoffen.

Geheimnisvolle Dinge

Geheimnisvolle Dinge
geschehen zwischen
Himmel und Erde.
Wenn zwei Welten
sich innig vereinen
durch einen Schuss,
der Leben spendet.
Kein Jäger, kein Gejagter,
nur zwei Erschöpfte
ruhen sich aus
von der Liebe.

Kalypso

Wellende Wogen,
Nymphengeflüster -
Wir umarmen uns
in Kalypsos Grotte
und lauschen
dem Atem des Meeres.

Dein Busen

Dein Busen
ist nicht zum Schmusen.
Du lässt mich da nicht ran.
Was hab ich nur getan?
Wenn zwischen Ländern
Mauern fallen,
gibt es zwischen den Menschen
immer noch Zäune!

Trommeln im Urwald

Trommeln im Urwald.
Ein lautes Dröhnen,
dunkelhäutige Menschen
in wilder Ekstase vereint.
Trommeln im Urwald.
Die Erde erzittert,
Blätter und Zweige
fallen ins Gras.

Pan in Domburg

Es steht ein kleiner Wald
in Domburg, hinten am Meer.
Die Bäume sind knorrig und alt
und gerade auch nicht so sehr.

Dort kommst du dir seltsam vor
wie in Erlkönigs Zauberland.
Irgendwo bläst Pan auf dem Rohr
und zieht eine Nymphe an der Hand.

Du hörst sie flüstern im Wind,
laut raschelnd fallen die Kleider -
am besten stellst du dich blind
und störst die beiden nicht weiter!

Indische Weise

Die rötliche Erde dampft,
es leuchtet der grüne Dschungel.
Die letzten Tropfen fallen herab
auf Euer nasses, glänzendes Haar.
Liebt euch schnell unter dem Regenbogen!
Bildet jetzt die Brücke des Lebens!

Frau Welt

Habe gestern ganz ohne Absicht
einem blonden, jungen Mädchen
tief in den Ausschnitt geguckt.
Was da knuddelig nebeneinander lag,
das hat mir sehr gut gefallen.
Nachher war er nicht mehr zu sehen,
der kleine Ausschnitt der Welt.

Meine kleine Agave

In meinem neuen Zimmer
steht eine kleine Agave.
Vielleicht ein Ableger der großen,
die ich in meiner ersten Wohnung hatte.
Die zackigen grünen Blätter
sind weit nach unten geneigt;
in der Mitte der spitze Dorn,
aus dem sich neue Blätter schälen.
Ich fühle mich sehr zu Hause
bei meiner kleinen Agave,
ich bin auch sehr froh
über mein eigenes Zimmer.
Doch, meine Liebe,
wo bist Du?

Wiederholung

Schon wieder habe ich
die hohen Berge verpasst,
weil ich am Abend davor
viel zuviel getrunken habe.
Nur dieses Mal bin ich -
gestern Nacht und heute Morgen –
noch am Venushügel gewesen.

Happy birthday

Etwas molliger bist
du schon geworden.
Nicht mehr ein Spatz,
sondern eher eine Taube,
die Frieden bringt.
Und das gleich zwei Mal!